Jürgen Schütte

WORTE ZUR WOCHE

Worte zur Woche

Ein Jahr mit CORONA

von Jürgen Schütte

WDL VERLAG

Bibliografische Information der Deutschen Bibliothek:
Die Deutsche Bibliothek verzeichnet diese Publikation in der
Deutschen Nationalbibliografie; detaillierte bibliografische Daten
sind im Internet über <http://dnb.ddb.de> abrufbar.

©WDL-Verlag, Hamburg 2021
Dr. Dietmar Lütz
Layout: WDL-Verlag
Umschlag-Graphik: WDL-Verlag
Fotos von Dietmar Lütz
Gesamtherstellung: Schaltungsdienst Lange, Berlin
ISBN 978-3-86682-177-4
www.wdl-verlag.de

INHALTSVERZEICHNIS

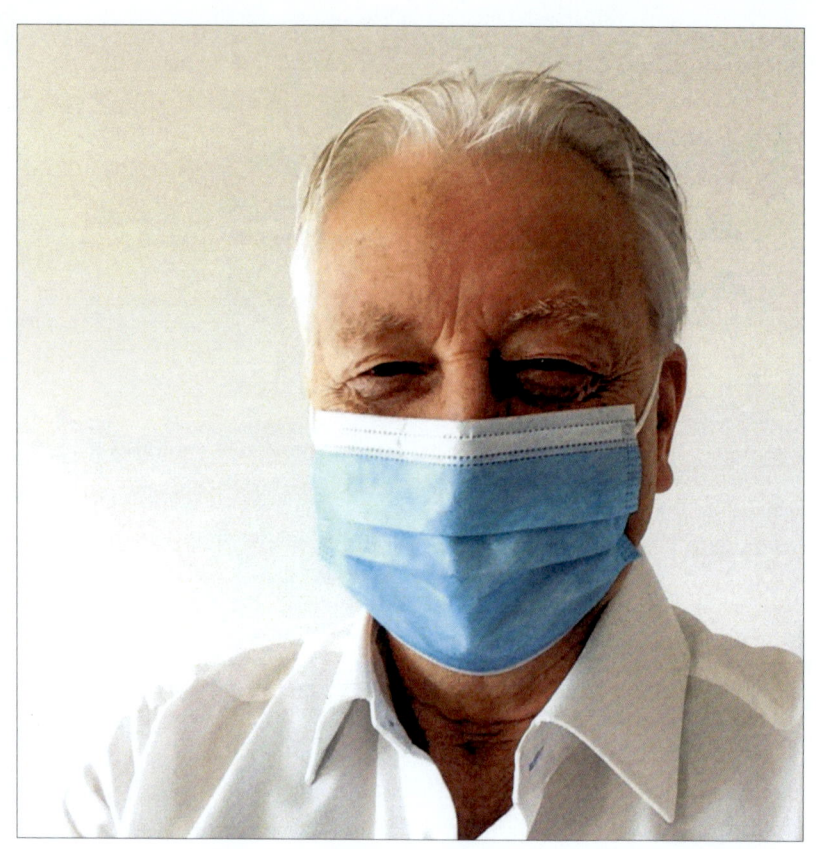

VORWORT

Zum Hineindenken und -fühlen

Plötzlich war Corona da und hat alles umgewälzt. Damals im März 2020. Ein Jahr mit Corona. Ein Jahr mit Einschränkungen. Ein Jahr mit Abstand. Ein Jahr mit einem Lächeln nur oberhalb der Maske. Treuer Begleiter in diesem Jahr war für uns in der Oncken-Gemeinde Hamburg das Wort zum Freitag, später das Wort zum Mittwoch. Eine verlässlich wiederkehrende kleine Kolumne, in der Alltagsbeobachtungen durch die Brille des Verfassers in einen persönlichen Glaubenszusammenhang gestellt werden. Mal eher vergnüglich, mal eher ernsthaft. So sind kleine Zeitdokumente entstanden, die die unterschiedlichen Stimmungen im Laufe dieses Jahres widerspiegeln. Die Reaktionen darauf waren so positiv, dass dieses Lesevergnügen nun eine breitere Öffentlichkeit erfreuen soll. Ein Jahr Gedanken zum Leben mit Corona. Ein Jahr "Worte zur Woche". Möge dir beim Lesen das Schmunzeln nicht ausgehen. Nicht das Schmunzeln und nicht die Nachdenklichkeit.

Jürgen Schütte

WORTE
ZUR WOCHE

Kleine Glücksmomente

Gestern in den Boberger Dünen bei mir in Hamburg Bergedorf. 2 Jogger auf weiter Flur. Wir kommen uns entgegen und nehmen kurz Blickkontakt auf.

Ich rufe rüber: „Moin, bleib gesund!" Er zurück: „Ebenso" plus Daumen hoch plus ein herzliches Lächeln. Vier Wörter, die die ganze Kraft hanseatischer Herzlichkeit in sich bündeln. Zwei einander Unbekannte werden für Sekunden zu Bekannten. Ein kleiner Glücksmoment in einer großen Krise.

Mir scheint, dass Corona uns nicht nur auseinandertreiben muss sondern auch zusammenführen kann. Lasst uns diese kleinen Glücksmomente nicht übersehen, die es auch noch gibt. Wie wir diese Krise überstehen, hängt neben den schrecklichen Nachrichten auch davon ab, wie wir unser eigenes Wahrnehmen und Denken aufstellen.

„Gott hat uns nicht gegeben den Geist der Furcht, sondern der Kraft, der Liebe und der Besonnenheit (2. Tim. 1,7)", so spricht es uns der Apostel Paulus zu. Verstehen wir? Er hat es schon getan! Der göttliche Geist wohnt bereits in uns! Wir nehmen ihn nur nicht immer wahr. Möge Gott es uns schenken, ihn immer wieder aufs Neue in uns aufleben zu lassen!

In diesem Sinne: Bleibt behütet und bewahrt an Körper, Seele und Geist!

Euer Jürgen Schütte

Ertappt!

Samstagmorgen. Einkaufen. Ganz früh sollte am schnellsten gehen. Bin ja schlau. Rein, durch und weg heißt die Devise. Um 8 Uhr öffnet der Laden. 7:40 Uhr nähere ich mich der noch geschlossenen Glastür. Und schon ist die schlaue Idee Makulatur. Da boxt nämlich der Bär. Richtig voll schon. Am Rande eine kleine Sitzbank mit einer älteren Dame. Da kommt von hinten dieser Eine, der wohl nichts begriffen hat. Setzt sich direkt neben sie. Mir schwillt der Kamm. Also zur Rede gestellt. Ziemlich laut und nicht sehr freundlich. Ob er schon von der Abstandsregel gehört hätte! Ich ernte einen stummen, verständnislosen Blick. Dumpfbacke, denke ich so bei mir. Eigentlich denke ich an ein anderes Wort. Aber das bleibt besser bei mir.

Ein paar Minuten später. Ich hatte die Zeitung vergessen und will nur noch schnell in den Kiosk nebenan. Im Umkreis Leute weit verteilt. Ich gehe Slalom hindurch. Mit gebotenem Abstand selbstverständlich. Plötzlich ein energischer Ruf von hinten. Ob ich das Ende der Schlange da hinten nicht gesehen hätte. Hatte ich nicht. Ehrlich. Aber der Bad Boy war plötzlich ich selbst. Oh, oh!

„Hochmut kommt vor dem Fall." Das wusste schon König Salomo, dem dieser Spruch zugeschrieben wird (Sprüche 16, 18). Muss ich mir wohl sagen lassen. Ist besser so.

Bleibt behütet und gesund!
Euer Jürgen Schütte

Draußen

Draußen! Ein Sehnsuchtsort in Zeiten, in denen uns das „Bleibt daheim" eingehämmert wird und das Wort „Lagerkoller" Hochkonjunktur hat. Endlich wieder bewegen, durchatmen, Sonne tanken, Frühlingsduft einziehen. „Zufrieden jauchzet groß und klein. Hier bin ich Mensch, hier darf ich's sein!" So Goethe in seinem berühmten Osterspaziergang. Draußen sein zu können – was für ein Segen!

Draußen! Wehe dem, für den es außen vor bedeutet. Für den Mann unter der Brücke, dem in dieser Zeit die Versorgungsmaßnahmen wegbrechen. Für den Kippa tragenden Juden, wenn er auf Antisemiten trifft. Für den Flüchtling auf Lesbos, dessen Schicksal vom Coronavirus aus dem öffentlichen Bewusstsein gefegt wird. Draußen sein zu müssen – was für ein Fluch!

Golgatha, Schädelstätte, war draußen. Außerhalb der Stadtmauern, vogelfrei, schutzlos dem Gespött und der Gewalt des Pöbels ausgesetzt. Golgatha stand für Todesqualen. Heute steht es für Karfreitag. Der Tag, an dem durch Jesus die Menschheitsgeschichte neu geschrieben wurde.

ER ist nach draußen gegangen. Durch IHN sind wir drinnen, in der Gemeinschaft mit Gott, den wir nun Vater nennen können (Matth. 6,9). Daraus können wir Kraft schöpfen, unseren Blick neu ausrichten und uns solidarisch denen zuwenden, die draußen, außen vor sind. Anders als die Jünger damals wissen wir heute von der Auferstehung. So können wir uns schon Karfreitag von der Osterfreude beflügeln lassen. Vielleicht sollten wir den alten Brauch des Osterlachens wieder aufleben lassen.

Bleibt behütet und gesund!
Euer Jürgen Schütte

Goldrausch

Schwarzes Gold: Einst besang es Peter Alexander und meinte damit Kohle, damals Motor industriellen Fortschritts und deshalb von besonderem Wert. Entsprechend wurden wahlweise auch Erdöl, Kaviar, Lakritze oder Vinylschallplatten schwarzes Gold genannt. Flüssiges Gold: Olivenöl. Schon in der Antike als Nähr- und Heilmittel bekannt. Ebenso Honig, bei den Ägyptern Tränen des Sonnengottes, bei den Griechen eine Götterspeise und für das Volk Israel Metapher für das verheißene Land.

Nun also weißes Gold – Klopapier! Pardon: Hygienepapier, wie die Fachleute sagen. Weißes Gold, das einen Goldrausch auslöst, der die Regale leerfegt. Was bestimmt eine Gesellschaft, deren größter Reichtum in Bergen von Hygienepapier zu bestehen scheint? German Angst? Vielleicht doch nicht so ganz. Immerhin erleben wir neben Hamsterkäufen auch Füreinander, Solidarität und Nachbarschaftshilfe, also eine Renaissance alter Tugenden. Steckt in unserer Gesellschaft womöglich doch mehr Lernfähigkeit, als wir in unseren dunklen Stunden für möglich halten?

Unter Verweis auf die versorgende Liebe des Vaters spricht uns Jesus zu: „Sorget nicht für euer Leben, was ihr essen und trinken werdet, auch nicht, wann ihr wieder an Hygienepapier herankommt." Jedenfalls so ähnlich. Gerne nachzuforschen bei Matthäus 6,25.

Wer weiß, vielleicht hat sich das mit der German Angst ja nach der Corona-Krise erledigt und es bildet sich ein neuer Begriff heraus: German Zuversicht?

Bleibt behütet und gesund!
Euer Jürgen Schütte

Bewahrt

Die Infektionskurve flacht sich ab, erste Lockerungen sind vollzogen. Einerseits Grund zur Hoffnung, andererseits enttäuschte Erwartungen. Manch einer sieht gar den sozialen Frieden in Gefahr und fragt ängstlich, wie lange die Bevölkerung „das noch mitmacht". Aber Angst verengt die Wahrnehmung. Vielleicht hilft hier ein Blick in die Geschichte des Kalten Krieges.

1961 Mauerbau: Der sowjetische Regierungschef Chruschtschow wollte den Viermächtestatus aushöhlen, hatte von den Westalliierten ultimativ den Rückzug aus West-Berlin gefordert und mit Krieg gedroht. Aber es geschah nicht.

1962 Kuba-Krise: Während der amerikanischen Schiffsblockade war eines der sowjetischen U-Boote ohne Funkverbindung völlig auf sich allein gestellt. Eine Kurzschlusshandlung des Kommandanten hätte die Menschheit in eine Katastrophe gestürzt. Aber es geschah nicht.

1983 Manöver-Krise: Während des NATO-Manövers Able Archer standen nuklear bewaffnete Bomber des Warschauer Paktes schon mit laufenden Motoren auf den Startpisten. Es drohte der 3. Weltkrieg. Aber es geschah nicht.

Entsprechendes ließe sich sagen zur Berlin-Blockade 1948, zum Korea-Krieg 1950, zur Diplomatenkrise am Checkpoint Charlie 1961 und zum Mauerfall 1989.

Kurz vor seinem Tod beschwört Mose sein Volk, sich an die so oft erfahrene Treue Gottes zu erinnern: „Er schloss sie fest in seine Arme und bewahrte sie wie seinen Augapfel (5. Mose 32,10)." Er wird auch uns nicht fallen lassen!

Bleibt behütet und gesund!
Euer Jürgen Schütte

Bruder

Kleiner Schnack über den Balkon. War früher nie. Corona macht's möglich. Mein Nachbar ist Muslim. Wir kommen auf den Ramadan zu sprechen. Seit einer Woche fastet er. Er erzählt mir, wie das so ist in Corona-Zeiten. Bisher sei Ramadan eher ein kulturelles Event gewesen. Aber jetzt in der Corona-Zeit sei es plötzlich anders. Inwiefern, frage ich ihn. Der gesellschaftliche Aspekt sei in den Hintergrund getreten. Und der Vordergrund? Antwort: Das Spirituelle. Unter dem derzeitigen Abstandsgebot würden die Sinne stärker als vorher nach innen gelenkt. Was daran spirituell sei, will ich wissen. Und dann kommt eine Antwort, die mich überrascht: „Ich habe mich Gott näher gefühlt." Er sagt tatsächlich „Gott", er sagt nicht „Allah". Als er meinen erstaunten Blick sieht, fügt er hinzu: „Wir haben doch denselben Ursprung. Wir sind doch Brüder." Ich gebe zu, mir liegt ein Aber auf den Lippen. Ich muss an Jesus denken, der im Islam nicht der wieder auferstandene Sohn Gottes ist. Doch dann wird mir bewusst, dass es mehr gibt als nur das Trennende. Und dass ein Blick weiter zurück manchmal dem Verstehen auf die Sprünge helfen kann. Unser heutiges Gottesverständnis mag unterschiedlich sein. Aber im Schöpfungsbericht ist nichts von Religionen zu lesen. Er kennt nur „den" Menschen (Adam), dem die Bewahrung der Schöpfung übertragen wird (1. Mose 2,15). Ich glaube, ich bin in meinem Nachbarn einem Bruder begegnet.

Friede sei mit euch! Salam aleikum! Shalom aleichem!

Bleibt behütet und gesund!
Euer Jürgen

Darf man das?

Wieder Pressekonferenz. Wieder dasselbe Gesicht. Wieder derselbe Ausdruck von Bedeutsamkeit. Wieder derselbe mahnende Tonfall. Auf jedem Kanal. Ich kann dem einfach nicht entkommen. Und jetzt ist mal genug. Also Fernseher aus, Oldie-Sender an. Nostalgie streichelt die gestresste Seele.

Die Beach Boys surfen, die Stones zeigen Zunge und die Beatles roll over Beethoven. Und plötzlich: Beim Gitarrensolo fängt mein Staubsauger an mit mir zu rocken. Er nickt im Rhythmus vor und zurück und meine Knie federn mit. Herrlich! Und dann sind sie wieder da, die Geister der Vergangenheit: Darf man das? Darf man lustvoll herumrocken, während Menschen sterben und das medizinische Personal am Limit kämpft? Es ist die Kernfrage meiner Kindheit: Darf man das? Damals eine Frage von Sittsamkeit und Normbeachtung. Leitlinie der Miesepetrigkeit, nicht der Nächstenliebe.

„Ein fröhliches Herz tut dem Leibe wohl; aber ein betrübtes Gemüt lässt das Gebein verdorren", weiß schon König Salomo (Sprüche 17, 22). Aber wem hilft es, wenn mein Gebein verdorrt? Anders herum: Was hilft mir ohne dem anderen zu schaden? Trompeten werden zu Aufbruchsignalen (4. Mose 10,1ff). Harfen lindern Depression (1. Sam 16,23). Posaunen bringen Stadtmauern zum Einsturz (Jos. 6,20). Warum sollen nicht Schlagzeug und Bass-Gitarre die Mauern meines verdorrenden Gemütes zum Einsturz bringen dürfen?

Jedenfalls fühle ich mich jetzt leichter – und zwar ganz und gar ohne meine Mitmenschen zu vergessen.

Bleibt behütet und gesund!
Euer Jürgen Schütte

Alles neu

Fitnessstudio: Neueröffnung nach 8 Wochen. Davor eine gefühlt 100 m lange Schlange Ungeduldiger. Mitten in der Nacht. Endlich wieder den Kreislauf ab Trab bringen! Friseursalon: Die Kundin unter der Schere behauptet steif und fest, sie habe sich noch nie so sehr auf ihre neue Frisur gefreut. Im Park: Die ältere Dame strahlt in die Kamera. Endlich mal wieder raus. „Alles neu macht der Mai", fällt ihr das alte Volkslied ein. Erneuerung belebt, wenn wir sie bemerken. Aber nicht immer erkennen wir sie sofort.

Da ist dieser seltsame, bisher unbekannte Pilz, den Forscher in der Ruine von Tschernobyl entdeckt haben. Er ernährt sich von Radioaktivität und könnte neue Möglichkeiten für Krebstherapien bieten. Da ist die Luftverbesserung. Dank Corona werden weniger Abgase in die Luft geblasen. Die Spitze des Eiffelturms wird wieder sichtbar. Klimaziele erscheinen plötzlich wieder erreichbar. Da ist das grüne Biotop im ehemaligen Todesstreifen. Flora und Fauna haben im Schatten der Unberührbarkeit aufleben können. Neues entsteht nicht nur dort, wo der Mensch ein Macher ist, sondern manchmal gerade dort, wo der Mensch die Finger davon lässt.

„Schaut nach vorne, denn ich will etwas Neues tun! Es hat schon begonnen, habt ihr es noch nicht gemerkt?" lässt Gott den Juden zusprechen, bevor sie aus dem Exil in das zerstörte Jerusalem zurückkehren (Jes. 43,19). Also: Forward to the Roots! Chance für eine neue Sicht auf das, was wir jetzt noch nicht erkennen.

Bleibt behütet und gesund!
Euer Jürgen Schütte

Vertrauensfrage

Zahlen lügen nicht. Sie sind Werkzeuge der Mathematik und sagen nichts als die Wahrheit. Oder?

Da ist der R-Wert. Er soll nicht über 1 steigen, sonst wird's gefährlich. Denn bei über 1 steckt ein Mensch mehr als einen anderen an. Steigende Infektionskurve hoch wahrscheinlich. Soweit verständlich. Aber er ist ein Mittelwert. Er schließt also höhere und niedrigere Werte ein, Ausreißer eingeschlossen. Ein besonders hoher Wert in einem befallenen Seniorenheim oder einem verseuchten Schlachthof schiebt den Mittelwert in die Höhe zu Lasten der nicht betroffenen Regionen.

Entscheidend ist also nicht die Zahl selbst, sondern der Sachverhalt hinter der Zahl. Erst durch ihn wird die Zahl zu einem Wert. Oft sind wir dabei auf Interpretationshilfen angewiesen, um den Wert der Zahl zu verstehen. Die Frage ist nun: Wer interpretiert? Ist es derjenige, der mir die komplexen Zusammenhänge versucht verständlich zu machen, um die Krise zu bewältigen? Oder ist es derjenige, der mir die einfache Erklärung serviert: Verschwörung dunkler Mächte, Punkt? Ich muss mich entscheiden: Wem will ich vertrauen? Das ist eine höchst subjektive Entscheidung. Und die kann mir niemand abnehmen. Nicht einmal Zahlen. Ich muss sie schon selbst treffen. Und verantworten.

„Prüft alles und behaltet das Gute", empfiehlt der Apostel Paulus der Gemeinde in Thessaloniki (1. Thess. 5,21). Ich wünsche uns, dass uns dieser prüfende Geist zu guten Entscheidungen verhilft. Tag für Tag aufs Neue.

Bleibt behütet und gesund!
Euer Jürgen Schütte

Verstehen

„Das Missverständnis" titelte vor ein paar Tagen eine Hamburger Tageszeitung. Es wurden die Expertisen des Virologen Christian Drosten in Frage gestellt, die Grundlagen für politische Lockdown-Entscheidungen gewesen waren. Dazu stellte er dar, dass Wissenschaft die von ihr erwartete Wahrheitsfindung gar nicht leisten könne. Sie könne nur mit den vorhandenen Erkenntnissen und oft nur mit schlüssigen Annahmen arbeiten und müsse natürlich stets auf neuere Erkenntnisse überprüft werden. Unerfüllte Erwartungen – oft genug Quelle des Frustes. So stellt Sigmund Freud als Resümee seiner langjährigen Forschungen mit der weiblichen Psyche resignierend fest: „Was will das Weib eigentlich?" Befriedigung klingt anders.

Der Psychologe Schulz von Thun spricht von unterschiedlichen Ohren und Schnäbeln. Wenn die nicht übereinstimmen, dann reden wir erfolgreich aneinander vorbei. Im erbaulichen Fall führt das zu Sketchen wie „Das Frühstücksei" von Loriot. Im weniger erbaulichen Fall kündigt der chinesische Staatschef dem amerikanischen Präsidenten einen neuen Kalten Krieg an.

Doch plötzlich ist Pfingsten da. Die große Kraft des Verstehens. Sie kommt einfach zu uns. Als Geschenk aus dem Himmel, das völlig unterschiedliche Menschen zu einer Gemeinschaft macht (Apg. 2). Schnäbel und Ohren sind plötzlich synchronisiert. Und das Beste: Es ist nicht nur ein geschichtliches Ereignis. Es kann täglich geschehen. Was für eine Perspektive, wenn wir uns darauf einlassen könnten!

Bleibt behütet und gesund!
Euer Jürgen Schütte

Systemrelevanz

Systemrelevanz – eines der Zauberworte dieser Wochen. Die Frage ist: Welches System ist gemeint? In das System Wirtschaft wird nun also ein gigantisches Konjunkturpaket gepumpt, um wieder auf die Beine zu kommen. So weit – so vermutlich gut.

Was aber ist mit dem System Mensch? Was ist mit den Leistungen, die nicht den materiellen Bedarf decken, wohl aber das Leben reicher machen? Der kürzlich verstorbene Objektkünstler Christo hat keine Konsumgüter produziert. Er hat Menschen auf fließendem Gold übers Wasser laufen und Tore im Central Park wehen lassen. Und tausenden Menschen hat er mit dem verhüllten Berliner Reichstag ein kindliches Staunen entlockt. Zweckfrei vielleicht. Aber gewiss nicht sinnlos. Systemrelevant?

Und die Kirche? Ist sie systemrelevant? Sicher nicht, wenn sie sich in ihren Mauern einigelt. Wohl aber, wenn sie sich als Gebäude lebendiger Steine versteht (1. Petr. 2,5). Wenn sie hinausgeht. Wenn sie nicht wegsieht und nicht schweigt. Wenn sie den politischen Missbrauch der Bibel verurteilt: Shame on you, Mr. President! Wenn sie den Mund auftut, wo Rassismus der Nährboden ist für die Tötung eines wehrlosen Farbigen durch einen weißen Polizisten. Wenn sie Fürbitte leistet und doch auch Position bezieht: es ist ein Verbrechen!

„Setzt euch für die Gerechtigkeit ein! Das Recht soll das Land durchströmen wie ein nie versiegender Fluss (Amos 5,24)." Wenn Kirche das zu ihrem Anliegen macht, dann ist sie systemrelevant.

Bleibt behütet und gesund!
Euer Jürgen Schütte

Fragen

Was macht Corona mit uns? Was macht es mit mir? Anfangs war es spannend. Eine neue Situation, eine neue Herausforderung. Also in die Hände gespuckt. Auf geht's. Inzwischen ist es eine Art Routine. Abstandsregel, Maske, Handhygiene. Alles klar. Andererseits fehlt mir die Leichtigkeit, die ich von Routine sonst kenne.

Da ist diese Maske. In den Western damals haben sie sich ein Tuch vors Gesicht gebunden, wenn sie eine Bank überfallen wollten. Sah so ähnlich aus. Da war es verwegen. Real nervt es nur. Um meine Mitmenschen mache ich einen Bogen. Und ich drehe mich weg, wenn der Abstand doch mal zu knapp wird. Das freie Durchatmen fehlt. Nicht nur wegen der Maske. Und ich merke, wie leicht aus verändertem Verhalten eine veränderte Haltung werden kann. Eine Haltung des Komm-mir-nicht-zu-nahe. Und das bin nicht ich. Fühlt sich falsch an. Aber wie muss es erst denen an den Beatmungsmaschinen gehen? Oder denen in akuter Existenznot? Ich werde die Fragen nicht los. Fragen nach dem sozialen Zusammenhalt. Nach dem Wirtschaftssystem danach. Nach der Klimawende. Und so viele mehr. Aber: The answer is blowing in the wind.

Als Christ bin ich zum Glauben aufgerufen. Ich darf der Barmherzigkeit Gottes vertrauen. Der Kopf weiß das. Aber die Seele ist unruhig. Im Moment fällt mir da die Jahreslosung ein: „Ich glaube; hilf meinem Unglauben (Mark. 9,24)." Dieser Zwiespalt gehört auch zu mir. Da ist es tröstlich, dass Jesus, mein Bruder, selbst Mensch war und mich verstehen kann.

Bleibt behütet und gesund!
Euer Jürgen Schütte

Blick aus der Zukunft

Irgendwann wird es vorbei sein. Wir wissen nicht wann. Aber irgendwann wird die Corona-Zeit Gegenstand der Geschichtsbücher sein. Wird sie eine Randnotiz werden? Oder wird man von epochalen Umwälzungen lesen? Worüber werden wir rückblickend staunen?

Verzichte schmerzten zunächst, waren aber nicht nur Verluste, sondern haben auch neue Erfahrungsräume geöffnet. Dem Diktat des Höher-Weiter-Schneller stand plötzlich das persönliche Erleben der Entschleunigung gegenüber. Der körperliche Abstand hat Menschen innerlich wieder näher gebracht. Die Kraft des „black lives matter" hat gezeigt, dass Krisen den Blick für Gerechtigkeit schärfen können. Das Wirtschaftprinzip der Gewinnmaximierung mit seinen ausbeuterischen Strukturen ist nicht mehr alternativlos, weil der Wert Mensch neu ins Bewusstsein gerückt ist. Und die sonst so mächtige Wissenschaft spielte für den bei uns moderaten Infektionsverlauf eine eher assistierende Rolle. Als entscheidende Kraft hat sich dagegen menschliches Verantwortungsbewusstsein und Solidarität entpuppt.

Morgen ist Heute schon Gestern. Wenn wir aus der Zukunft zurückblicken, können wir auf Erfahrenes aufbauen. Wir müssen nicht verunsichert auf das warten, was da vielleicht noch kommen könnte. Mag Corona eine Schlange sein. Wir sind keine Kaninchen. Vielmehr ist uns die Rolle des Souveräns mit Gestaltungsauftrag zugedacht (1. Mose 1,26). Was man also später über das Jahr 2020 schreiben wird, liegt entscheidend an uns selbst.

Bleibt behütet und gesund!
Euer Jürgen Schütte

Irrtum

„Unsere Voraussage erwies sich als falsch", so das Bekenntnis der südkoreanischen Verantwortlichen angesichts der zweiten Infektionswelle. „Nicht für möglich gehalten" hatte Stuttgarts Oberbürgermeister Kuhn die jüngsten Gewaltexzesse. Und einmal mehr eines Schlechteren belehrt wurde der HSV-Fan, der auf den Aufstieg gehofft hatte. Wir alle wissen: Irren ist menschlich. Manchmal auch tragisch und folgenschwer.

So Evas Griff nach der verbotenen Frucht. Sie – und ihr Mann war ja kein Stück besser – hatte sich den Irrtum aufschwatzen lassen: Du weißt es besser. Gott hat es bestimmt nicht so gemeint. Sie ist zwar nicht sofort tot umgefallen wie Schneewittchen, aber an den Folgen ihres Tuns tragen wir bis heute.

Der folgenschwerste Irrtum ist wohl die menschliche Hybris, also der Irrglaube, der Größte zu sein. Wenn ich mich als Weltbeherrscher begreife und meinen Schöpfer ins himmlische Seniorenheim abschiebe, dann wird der Turmbau zu Babel nicht fertig, dann führt soziale Ungerechtigkeit zur Spaltung der Gesellschaft und die Ausbeutung von Mensch und Natur fällt uns bleischwer auf die Füße.

Gottes Gebote als Spaßbremse zu verstehen, wäre ein Irrtum. Genuss ohne Reue ist möglich. Wenn ich nicht bei meinem kleinen Ich bleibe. Der Respekt vor meinem Schöpfer hilft mir dabei: „Den Reichen in dieser Welt gebiete, dass sie nicht stolz seien, auch nicht hoffen auf den unsicheren Reichtum, sondern auf Gott, der uns alles reichlich darbietet, es zu genießen (1. Tim. 6,17)."

Bleibt behütet und gesund!
Euer Jürgen Schütte

45

Von Splittern und Balken

Es sieht aus wie ein niedliches, buntes Bällchen. Und dann dieser klangvolle Name: Corona, auf Deutsch „Kranz oder Krone". Asterixfreunde denken da gleich an Cäsars lorbeergeschmücktes Haupt beim Triumphzug. Und das soll gefährlich sein? Nun aber bekommt das Elend ein Gesicht: Clemens Tönnies. Hurra, endlich ein richtiges Feindbild! Ein echter Schuldiger aus Fleisch und Blut! Ist von seinem Betrieb nicht die jüngste Schweinerei ausgegangen? Vertritt nicht er diese eklige Massentierverwertung? Ist nicht er verantwortlich für diesen üblen neuen Lockdown? Ja, so bin ich. Auch in mir steckt noch der schlicht reagierende Sammler und Jäger. Der, der in der Frühzeit schnell und radikal zwischen Freund und Feind unterscheiden musste.

Und dann kommt Jesus Christus und mahnt mich: Nun mach mal halblang! Du bist nicht Sklave deiner archaischen Wurzeln. Dir ist der Geist der Besonnenheit gegeben. Lynchjustiz – auch die im Geiste – vergiftet. Nicht nur den anderen. Auch dich selbst. Erst die gerichtliche Aufarbeitung, dann das Urteil. Das gilt ausnahmslos. Selbst für einen Herrn Tönnies. Und dann schau mal in den Spiegel: Bist du alleine deshalb besser, weil du keinen Fleischbetrieb führst? Bist du nicht auch einer der Verbraucher, die das Elend toleriert haben? Macht dich Unwissenheit beim Einkauf automatisch zum Unschuldslamm? Und plötzlich muss ich an die Sache mit dem Splitter und dem Balken denken. Nachzulesen im Matthäusevangelium 7,1-5.

Bleibt behütet und gesund!
Euer Jürgen Schütte

Political Correctness

Es könnte das Unwort des Jahres werden: Rassismus. Und es wäre gut. Denn Menschenverachtung darf niemals zur Gewohnheit werden. Nun sagen kluge Leute: Rassismus ist Ausdruck einer inneren Haltung, die das Denken und damit die Sprache prägt. Wenn wir also die Sprache korrigieren, dann wird das im Umkehrschluss das Denken bereinigen. Und damit ist sie in der Welt, die Political Correctness. Was man also sagen darf und was nicht.

Ich fürchte, diese formale Schiene führt nicht zum Ziel. Sie ist eindimensional und bringt Absurditäten hervor wie „man sagt jetzt nicht mehr Schwarzer, man sagt Maximalpigmentierter". Wer hat sich so etwas nur ausgedacht? Vermutlich ein Minimalpigmentierter, der sich zum Overprotector der vermeintlich Schutzbedürftigen aufspielt und sie gerade damit entmündigt. Der schwarze Schlagersänger Roberto Blanco jedenfalls stellte zu seiner CSU-Mitgliedschaft grinsend fest: „Wir Schwarzen müssen zusammenhalten!" und wurde dafür von einem Weißen als „Nestbeschmutzer" gescholten. Verkehrte Welt!

Political Correctness führt zur Schere im Kopf, die das lebendige, verständnisvolle Miteinander zerschneidet. Wie sagt der Apostel Paulus so treffend? „Der Buchstabe tötet, der Geist aber macht lebendig (2. Kor. 3,6)". Möge uns dieser belebende Geist immer wieder den Blick für das Wesentliche öffnen. Die Frage, ob wir die Hautfarbe eines Menschen schwarz oder braun oder mokka oder latte macchiato nennen dürfen, gehört wohl eher nicht dazu.

Bleibt behütet und gesund!
Euer Jürgen Schütte

Frieden

Nun ist er also wiedergewählt geworden. Andrzej Duda ist alter und neuer Präsident Polens. Knapp durchgesetzt gegen seinen Rivalen Trzaskowski. So funktioniert Demokratie. Auch wenn der Gewinner von fast der halben Gesellschaft für einen üblen Spalter gehalten wird. Die Mehrheit gewinnt. Letztlich ist es ja auch gut so. Denn was wäre die Alternative? „Die Demokratie ist die schlechteste aller Staatsformen, ausgenommen alle anderen." So einst Winston Churchill.

Demokratie also als Allheilmittel? Schon die einfache Frage, ob in Syrien 1 oder 2 Grenzübergänge für humanitäre Hilfe geöffnet werden sollen, scheitert am Veto zweier Mitglieder im UN-Sicherheitsrat. Letztlich bedeutet das viele weitere Tote. Ganz demokratisch. 74 Jahre nach ihrer Konstituierung scheinen die UN von ihrem eigenen Ziel des Weltfriedens weiter entfernt zu sein denn je.

Friedensbemühungen brauchen die Bereitschaft aller. Aber ein einziger Stinkstiefel reicht aus, um alles zu torpedieren. Was dann bleibt, ist die geballte Faust in der Tasche, lähmende Ohnmacht und eine beängstigende Ungewissheit. Wo kann ich dagegen Hilfe finden? Ich erinnere mich an Worte Jesu, die über die Grenzen menschlicher Egoismen hinausführen: „Meinen Frieden gebe ich euch – einen Frieden, den euch niemand sonst auf der Welt geben kann. Deshalb seid nicht bestürzt und habt keine Angst (Joh. 14,27)".

Herr, wecke in mir diese Kraft, die mich frei macht und mich befähigt, selbst zum Friedensstifter zu werden!

Bleibt behütet und gesund!
Euer Jürgen Schütte

Schwach! – Schwach?

Zum Einkaufen die Maske vergessen. Also zurück und alles noch mal von vorn. Dem Anderen nicht gut genug zugehört. Schon ist das Missverständnis da. Das wieder gerade zu rücken macht richtig Mühe. Termin verdaddelt. Entschuldigung und komplette Neuplanung. Das nervt einfach. Ich möchte so gerne das lockere „Nobody Is Perfect" locker nehmen. Aber irgendwie steckt es tiefer in mir, als ich es wahrhaben will. Es ist ein Grundproblem. Es ist der Widerspruch zwischen „hat sich bemüht" und „gut gemacht".

Blick über den eigenen Horizont: Welche Personen sind geeignet, am Reich Gottes mitzubauen? Also am Himmel auf Erden? Die biblischen Berichte sind voll von vermeintlich Großen, die nicht perfekt sind. Manch einer von ihnen war sogar ein ausgesprochen übler Geselle: Jakob – ein Betrüger, Mose – ein Mörder, David – ein Ehebrecher, Petrus – ein Lügner.

Ich will einen schwer Erkrankten besuchen. Ich fahre hin mit dem unguten Gefühl: Was kannst du ihm eigentlich sagen? Und dann erlebe ich, dass in meiner Stummheit etwas geschieht, was ich nicht hätte planen können. Von dem Schwachen geht eine Kraft aus, die mich berührt. Er ist es, der mir etwas gibt. Das Wunder ist: Ich gehe als Gestärkter aus der Begegnung, vor der ich vorher Bammel hatte.

„Meine Gnade ist alles, was du brauchst, denn meine Kraft kommt gerade in der Schwachheit zur vollen Auswirkung (2. Kor. 12, 9)." Meine Möglichkeiten endet nicht an der Grenze meiner Schwäche. Was für eine Befreiung!

Bleibt behütet und gesund!
Euer Jürgen Schütte

Volatil

Oops! Nun also kein Freitags-Newsletter mehr, sondern ein Mittwochs-Newsletter! Warum das? Weil neue Bedarfserkenntnisse genau diese Änderung erfordern. Der Termin der Raumeinweihung platzt. Warum? Weil Lieferprobleme nicht vorherzusehen waren. Die gemeinsamen Streaming-Gottesdienste mit den Innenstadtgemeinden werden nicht mehr fortgesetzt. Warum? Weil sich die Lagebeurteilungen geändert haben. Plötzlich ist alles anders.

„Denn was neu ist wird alt, und was gestern noch galt, stimmt schon heut' oder morgen nicht mehr", sang einst der Liedermacher Hannes Wader. Vielleicht ist schon bald die wöchentliche Frequenz des Newsletters zu alt und aus dem Mittwochs-Newsletter wird ein Monats-Newsletter. Wer kann das heute schon wissen?

Die Corona-Wochen haben so viele Veränderungen und so viel Verunsicherung hervorgebracht! In der Wirtschaft spricht man von Volatilität, wenn schwankende Größen die Vorhersehbarkeit von Entwicklungen erschweren. Wie gehe ich mit der Volatilität meines Lebens um?

In Zeiten wie diesen werden offenbar beide Sehnsüchte geweckt: Die nach Bewährtem. Denn es vermittelt Stabilität. Und die nach Erneuerung. Denn das Bisherige war ohnehin überholungsbedürftig. Beides ist wohl von Anfang an im Menschen angelegt. Jedenfalls ist beides in den biblischen Berichten zu finden.

Wer nun Sehnsucht nach Stabilität hat, der schaue gerne in den Psalm 91: „Wer unter dem Schutz des Höchsten wohnt, der kann bei ihm, dem Allmächtigen, Ruhe finden (Vers 1)."

Bleibt behütet und gesund!
Euer Jürgen Schütte

Quo vadis?

Lang, lang ist's her. Fast ein halbes Jahr kein Gottesdienst, kein Forum, keine Mitgliederversammlung, keine Gastveranstaltung. Und nun – endlich – am 16.08. der erste Präsenz-Gottesdienst. Dieses Mal im Foyer, weil der Gemeindesaal noch nicht nutzbar ist. Unter den 14 Personen große Freude aber auch ein Hauch Ungewissheit. So kringelt sich bei aller Zuversicht dann doch das eine oder andere Fragezeichen ins Gemüt. Quo vadis, Oncken-Gemeinde? Wohin führt dein Weg?

Wir werden manches Vertraute hinter uns lassen und uns neu orientieren müssen. Aber vielleicht müssen wir ja gar nicht, vielleicht dürfen wir ja. Vielleicht zeigt sich nach einigem Innehalten und Nachdenken nicht nur eine Fessel, sondern eine geöffnete Tür.

Masterpläne können ein prima Instrument für große Projekte sein. Klappt nur nicht immer. Der Berliner Flughafen lässt schön grüßen. Oder das Turmbauprojekt von Babel damals. „Wenn du Gott zum Lachen bringen willst, erzähle ihm von deinen Plänen," wusste bereits der Philosoph Blaise Pascal im 17. Jht. Gut, wenn man dann auf alternative Erfahrungen bauen kann. „Dein Wort ist meines Fußes Leuchte und ein Licht auf meinem Wege (Psalm 119, 105)." Also: Die Leuchte für den nächsten Schritt, nicht unbedingt für den nächsten Kilometer! Es muss nicht zwingend der Masterplan sein. Manch ein Weg entsteht erst beim Gehen. Den ersten Schritt haben wir getan. Wagen wir also den nächsten. Wir werden nicht im Dunkeln tappen. Der Akku dieser Leuchte hält ewig!

Bleibt behütet und gesund!
Euer Jürgen Schütte

Demut

So einen Tag wünscht man seinem ärgsten Feind nicht. Plötzlich streikt der PC. Fährt einfach nicht hoch. Und dabei müsste ich eigentlich und wollte ich doch auch und natürlich wie immer ganz fix. Dann schlägt auch noch das Handy auf dem Fliesenboden auf. Keinerlei Zugang mehr. Alle Daten futsch. Rien ne va plus!

Ich fühle mich irgendwie geschrumpft. Will das alles nicht. Nur: Wenn ich das Offensichtliche nicht wahrhaben will, weil es mir nicht passt, werde ich dann zum Riesen? Wohl eher zum Scheinriesen. So wie der Herr Tur Tur im Kinderbuch Jim Knopf. Der wird umso kleiner, je näher man ihm kommt. Die nüchterne Erkenntnis: Ich bin Teil eines umfassenden Systems. Ein ziemlich kleiner sogar. Zudem im Status der Abhängigkeit.

Ich muss an das altmodische Wort Demut denken. Klingt zunächst nach Spaßbremse. Ich glaube aber, Demut ist Ausdruck einer selbstbestimmten inneren Haltung. Anders als eine Demütigung von außen. Demut macht mich nicht klein. Sie verhilft mir vielmehr zu einer realistischen Einschätzung meiner selbst. Mehr noch: Wenn ich Demut nicht als Verlust an Souveränität verstehe, sondern als Annahme einer größeren Kraft, dann wird Demut zur Stärke. Dass ich diese größere Kraft meinen himmlischen Vater (wahlweise auch gerne Mutter) nennen darf, das erübrigt nicht nur den Scheinriesen. Es lässt mich vielmehr zu einem Echtriesen werden!

„Wo Hochmut ist, da ist auch Schande; aber Weisheit ist bei den Demütigen," nachzulesen in der Bibel (Sprüche 11,2).

Bleibt behütet und gesund!
Euer Jürgen Schütte

Freiheit

Nun haben sie sie also gekriegt, ihre Demonstration in Berlin. Aber wogegen oder wofür eigentlich? Bei dem schaurigen Mix aus Reichsbürgern, Neonazis und selbsternannten Querdenkern kaum auszumachen. Aber gemeinsam ist allen eines, die Ignoranz: Gegen den Staat, gegen die deutsche Geschichte, gegen die Gefahren des Virus. Ich muss da an meine 2-jährige Enkelin denken, die sich die Hände vor die Augen hält und genau weiß, dass ich sie nun nicht sehen kann.

Bei so viel Weitblick stellt sich die Frage, ob Freiheit grenzenlos ist. Mag sein, dass sich dieses Gefühl über den Wolken einstellt, wie es einst Reinhard Mey besang. Nur: Hier geht es nicht um Poesie, hier geht es um Leben und Tod. Spätestens an dieser Schranke muss in aller Freiheit daran erinnert werden: „Die Freiheit des Einzelnen endet dort, wo die Freiheit des Anderen beginnt (Immanuel Kant)".

Ich schwanke zwischen Ironie und Wut. Ich möchte lästern und zugleich zuschlagen. Da mahnt mich eine leise Stimme: Du kannst unterscheiden zwischen Kritik und Hass. Diese Freiheit ist dir gegeben. Sage, was du in der Sache für falsch hältst. Aber verachte deinen Feind nicht. Feindesliebe ist eine Superkraft, die das Uraltprinzip von Gewalt und Gegengewalt durchbricht.

„Wer von euch noch nie gesündigt hat, der werfe den ersten Stein (Joh. 8,7)." Oh Gott, wenn ich meine Feinde nicht Covidioten nennen darf, dann musst du bei mir mit deinem heiligen Geist nochmal ordentlich nachlegen. Alleine schaffe ich das nicht!

Bleibt behütet und gesund!
Euer Jürgen Schütte

Es war einmal

… ein kleines Wesen. Es war so klein, dass man es mit bloßem Auge nicht sehen konnte. Nur unter einem Elektronenmikroskop. Aber da entfaltete es seine ganze Pracht: Knuddelig rund und mit niedlichen Stummelärmchen. Und auf colorierten Fotos schön wie die Lilien auf dem Felde, von denen schon die Bibel schwärmt. Die Menschen gaben ihm den glanzvollen Namen: Krone (lat. Corona). Das kleine Corona-Wesen hätte glücklich sein können.

Tatsächlich aber war es verzweifelt. Zum Überleben brauchte es nämlich einen Wirt, der es gastfreundlich aufnahm. Den suchte es bei dem edelsten Geschöpf unter dem Himmel: dem homo sapiens. Es hieß sogar, er sei Gott ähnlich. Auf seiner Suche traf das Wesen auf zwei Arten von Menschen. Die, die es bekämpften und die, die es ignorierten. Die Menschen der zweiten Art glaubten

tatsächlich, es gäbe nur das, was sie mit ihren eigenen Augen sehen konnten. Für sie gab es das Wesen also gar nicht. Sie glaubten
lieber, die Regierenden wollten es ihnen nur aufschwatzen, um das
Volk zu entrechten.

Da erfand das Wesen ein Versteckspiel. Es versteckte sich in
der Atemluft der Menschen. Glücklicherweise fand es dabei immer
wieder Menschen von der zweiten Art, die sich nicht schützten.
Auf diese Weise konnte es von Mensch zu Mensch fliegen, ohne
dass die es bemerkten. Das waren vortreffliche Überlebensbedin-
gungen. Und wenn es weiterhin genug Menschen gibt, die es für
ein Märchen halten, dann wird es nicht sterben und auch morgen
noch leben.

Bleibt behütet und gesund!
Euer Jürgen Schütte

Unruhe

Moria – die Hölle. Erst überfüllt, dann abgebrannt, nun auch noch Corona mittendrin. Und Europa versagt. Einmal mehr. Dieses unwürdige Gefeilsche um die Stückzahl von Flüchtlingen, die man retten will! Und ich irgendwie dabei zwischen Wollen und Ohnmacht. Ich schäme mich ein Europäer zu sein. Und in mir kochen die uralten Fragen hoch: Ist Moria ein gottverlassener Ort? Oder ist Gott gerade dort im Leid zu finden? Kann Gott nicht eingreifen oder will er nicht? Es fällt mir schwer, mit all dem umzugehen. Meine Seele ist unruhig. Gut, dass ich damit nicht alleine bin. Gegen die unruhige Seele empfiehlt David die Hoffnung auf den Herrn (Ps. 42,6). Schön. Aber wie stellt sich Hoffnung ein? Oder muss ich sie selbst einstellen? Aber wie?

Manchmal kann ein äußerer Impuls helfen. Ich habe so ein Sandspiel geschenkt bekommen. Wasser und Sand zwischen zwei Glasscheiben. Sand in Weiß, Ocker, Umbra, mit Messingglitzern. Beim Drehen der Fassung sinkt der Mix zu Boden. Mal schwebend, mal rinnend, mal wirbelnd. Da entstehen kleine Kunstwerke. Ganz ohne mein Zutun. Das zu beobachten – Auszeit pur. Das Sandkorn selbst ist tote Materie. Aber das Sandspiel als Ganzes – ein Sinnbild für mein Leben. Selbst wenn ich nichts tun kann: Da ist eine Kraft, die für mich gestaltet. Mit wunderbarem Ergebnis. Was für eine Wohltat! Und Quelle der Hoffnung. Herr, hab Dank für die Ruhe, die ich in dir finde. Aber bewahre mich vor der Trägheit, die nicht mehr fragt: Was kann ich tun?

Bleibt behütet und gesund!
Euer Jürgen Schütte

Mauern

Früher hießen sie Ostzone, die neuen Bundesländer. Wahlweise auch SBZ – sowjetische Besatzungszone. Aber das hatte schon ein Geschmäckle. Meine Verwandten in Erfurt und Altenburg waren die „Lieben da drüben". Die, die nicht alles hatten und mit Paketen versorgt werden mussten. Gut, dass das vorbei ist.

Ich gehöre zur „Generation Kalter Krieg". Der Mauerbau 1961 hat mich als Kind erstmals einen Hauch von Weltgeschichte spüren lassen. Der Mauerfall 1989 hat mich zu Tränen gerührt. Das Folgejahr 1990 war eine einzige Achterbahn zwischen Hoffen und Bangen. Das Hin und Her in der damaligen Sowjetunion war beängstigend. Was hatten wir Deutsche für ein Glück mit dem sowjetischen Staatspräsidenten Gorbatschow! Und wie schmal war der historische Türspalt, in dem das alles möglich war! Aber so richtig erleichtert war ich erst, als 1994 der letzte russische Soldat Deutschland verlassen hatte. 3 Jahre nach der deutschen Vereinigung.

Die Mauern dieser Welt haben auf Dauer keine Chance. Die von Jericho – von Trompeten weggepustet. Die von Berlin – von Mauerspechten zerpickt. Der römische Limes – Reste von ihm ein Touristenmagnet. Die zwischen den USA und Mexiko – hoffentlich nie vollendet. Mauern stehen gegen das Miteinander und damit gegen das Leben. Weg damit! Auch und gerade die in den Herzen. Oftmals härter als Stein und besonders widerstandsfähig. Eine Herkulesaufgabe. Aber nichts ist unmöglich. „Mit dir, mein Gott, kann ich über Mauern springen (Psalm 18,30)".

Bleibt behütet und gesund!
Euer Jürgen Schütte

Ich und alle

Ich fand dich mal cool, Noel Gallagher. Zumindest eure Gruppe Oasis mit ihrer herrlichen Britpop-Musik hat mich damals angefixt. Besonders euer „Do'nt go away", dieser raue Hauch von Melancholie, ist mir damals tief in meine Innereien gedrungen. Da habe ich deine Motzigkeit, deine Streitsucht, deine Großkotzigkeit nicht so wahrgenommen. Vielleicht habe ich auch gedacht, das sei eine Marketing-Vorgabe vom Management.

Und nun das! Du ein Maskenverweigerer? Masken sinnlos? Scheißegal? Verletzung der Freiheit? „Wenn jeder andere Idiot eine Maske trägt, kann ich mich bei ihm nicht anstecken," so wirst du zitiert. Echt jetzt? Ist das deine Auffassung von Freiheit? Freiheit gleichbedeutend mit blindem Egoismus? Endet dein Denken an der Grenze deiner Hirnschale? Das ist kein geschäftlich verordnetes Proletentum mehr. Das ist persönlich menschenverachtende Ignoranz! Noel Gallagher, du hast dich demaskiert. Ganz ohne eine Maske!

Da waren wir schon mal bedeutend weiter. „Was wäre, wenn alle es täten?", fragte bereits vor etwa 250 Jahren der Philosoph Immanuel Kant. Zwar mit komplizierteren Worten, aber im Prinzip war das sein Appell an die Vernunft im Menschen. Und weit vor unserer Zeitrechnung, als die Israeliten noch als Nomadenvolk durch die Wüste zogen, wurden sie schon ermahnt: „Liebe deinen Nächsten wie dich selbst (3. Mose 19, 18)". Vernunft und Nächstenliebe – ein Kompetenzteam biblischen Ausmaßes! Kant würde wohl fragen: Was wäre, wenn alle es nutzten?

Bleibt behütet und gesund!
Euer Jürgen Schütte

Experiment

Ich brauchte mal Abstand. Mal raus aus der allsonntäglichen Verantwortung. Mal frei sein von Präsenzpflicht. Von Kontrollaufgaben. Hat der die Maske? Hat die die Hände…, na ja. So habe ich ihn geschwänzt, den Gottesdienst am letzten Sonntag. Ein Selbstexperiment.

Zur Gottesdienstzeit also gemütlich zum Frühstücken in das Gourmet-Restaurant mit dem großen gelben M. Nach längerer Zeit mal wieder. Am Eingang ein Desinfektionsspender. Da fühle ich mich doch gleich wohl. Ich will ein Duo: 1 McMuffin in Papier + 1 Kaffee in einer schönen Porzellantasse. So verspricht es das hübsche Foto. Kein Plastikmüll. Toll! Ich bekomme meine Bestellung. McMuffin? Ok. Kaffee? In einem Einwegbecher! Kurzer Rundumblick. Wir sind gerade alleine. Also die Verkäuferin gefragt: Warum der Kaffee nicht in Porzellantasse wie abgebildet?

Wegen Müllvermeidung usw. Kleiner aber feiner Schnack über Kundenwünsche, Arbeitsdruck und Umwelt. Fast schon ein Gespräch. Ich darf sogar von Schöpfung sprechen. Sie lächelt freundlich. Ob sie froh ist, als der nächste Kunde kommt, frage ich sie besser nicht.

Beim Blick in die Herbstsonne kreisen die Gedanken um Pflicht und Freiheit. "Prüft alles, das Gute behaltet!" So der Apostel Paulus in 1. Thess. 5,21. Experimentieren erlaubt! Glauben ist Lebendigkeit. Ergebnis meines Experimentes: Der Abstand von Verpflichtungen macht frei. Das Heraustreten aus dem gemeindlichen Elfenbeinturm macht weit. Das Wissen um geschwisterliche Verbundenheit ist essenziell.

Bleibt behütet und gesund!
Euer Jürgen Schütte

Kinder an die Macht

Es gab eine Zeit, da waren mir unsere American Friends ganz nahe. Von den Rosinenbombern während der Berliner Luftbrücke haben mir meine Eltern erzählt. Die Kinder sind ihnen vor Freude entgegengerannt. Der Marshallplan hat uns wieder auf die Beine geholfen. Nicht nur wirtschaftlich. 9/11 war ich Amerikaner. Und als Obama Präsident wurde, hatte ich ernsthaft die Hoffnung, Martin Luther Kings Traum könnte Wirklichkeit werden.

Und nun? Ein Volk, das mir fremd geworden ist. Zutiefst gespalten und regiert von einem gewissenlosen, infantilen Egomanen. Sorry, Kinder. Das war ungerecht. Infantil bedeutet ja kindisch. Das seid ihr nicht. Ihr seid kindlich. Und das ist etwas völlig anderes. Ich schaue in eure Augen. Da kann ich keinen Rassismus erkennen, keine Ausgrenzung, keinen Hass. Ich sehe vielmehr Uroptimismus, Uroffenheit, Urvertrauen. Die Urkraft der Schöpfung. Was die Erwachsenen daraus gemacht haben, ist leider allzu oft pervertierte Verzerrung.

"Kinder an die Macht", sang einst Herbert Grönemeyer. "Die Armeen aus Gummibärchen, die Panzer aus Marzipan, Kriege werden aufgegessen, kindlich genial!" Und noch viel früher Jesus Christus: "Wenn ihr euch nicht ändert und den Kindern gleich werdet, dann könnt ihr Gottes neue Welt nicht erleben", so die Mahnung an seine Weggefährten. Nachzulesen in Matth. 18,3.

Es ist zu wünschen, dass viele Kinder unter denen sind, die wählen gehen. Diese Tage in Amerika. Und nächstes Jahr in Deutschland!

Bleibt behütet und gesund!
Euer Jürgen Schütte

Mit Sicherheit

"Sind Sie sicher?" Derzeit eine der Lieblingsfragen an die Götter in Weiß, an Soziologen, an USA-Kenner vor der Wahl. Wir erwarten von ihnen Antworten und ahnen doch, dass sie genau diese nicht liefern können. Das nervt. Denn wir sind auf Beantwortungsdruck programmiert, um Sicherheit zu gewinnen. Besonders der moderne Mensch mit seiner selbstverständlichen Erwartung an maximierte Selbstbestimmung lässt eine Versicherungskultur aufblühen, wie es sie früher nicht gegeben hat. So die Versicherung gegen Steckenbleiben im Fahrstuhl. Oder gegen Unpässlichkeit im Dekolleté. Oder gegen Zwillinge. Letztere hat zwar keinen Einfluss auf die Empfängnis, bringt aber im Falle des Falles wenigstens jede Menge Kohle.

Was gibt meinem Leben Sicherheit? Anne Karow, Professorin im UKE für psychische Störungen, stellt fest, dass die Erfahrung einer erfolgreichen Krisenbewältigung sicherer macht, weil sie einem gesunden Selbstwertgefühl dienlich ist. Sie zitiert den griechischen Philosophen Epiktet: "Wir können die Dinge nicht ändern, wohl aber unsere Haltung ihnen gegenüber." Hilfreich ist also eine Haltung, die mich von einem hinnehmenden Opfer zu einem aktiven Gegenüber der Krise werden lässt. Im Psalm 23 spricht König David zunächst von einem Er. Er, der Herr. Um dann plötzlich ins Du zu wechseln. "Denn du bist bei mir!" Er wagt also den Schritt von der Betrachtung in die Beziehung. Und gewinnt mit diesem Schritt mit Sicherheit mehr als Sicherheit: Geborgenheit in Liebe.

Bleibt behütet und gesund!
Euer Jürgen Schütte

"... sondern erlöse uns von dem Übel"

So mögen viele Amerikaner in den letzten 4 Jahren gebetet haben. Sie sind erhört worden. Mit Fake-News und Beißattacken hatte er einen Scherbenhaufen angerichtet. Nun haben die Wählerinnen und Wähler entschieden: He's fired! Trumpelstilzchen ist Geschichte. November 3: Day of Liberation!

Es sei an der Zeit, das Land zu "heilen", so der künftige Präsident Joe Biden. Nun ist das so eine Sache mit dem Wörtchen heil. Es weckt unterschiedliche Assoziationen. So lässt uns der Blick in Dokumentationen zum 3. Reich erschauern bei dem tausendfachen Schlachtruf "Heil". So schmeckt "Heile Welt" nach Heimatfilm, Yellow Press und Sonntagsnachmittagsspaziergang mit den Eltern. Kann man mögen, muss man aber nicht. Und so erinnert mich der Name "Heiland" an die kindliche Variante eines Jesusbildes, das mit Weichspüler eingeflauscht war. Dabei stammt der Titel aus alttestamentlicher Zeit und zeugt von der Kraft des Beschützers: "Gott ist mein Hort, auf den ich traue, mein Schild und Horn meines Heils, mein Schutz und meine Zuflucht, mein Heiland, der du mir hilfst vor Gewalt (2. Samuel 22,3)."

Ein Heilender zu sein ist Schwerstarbeit. Biden wird wissen, was ihn erwartet. Der Kampf gegen Widerstände im Volk, gegen die Mehrheit im Senat, gegen die verbrannte Erde, die sein Vorgänger hinterlassen hat. Vor allem aber: Der Kampf um die Herzen der Hälfte aller Amerikaner. Und dieser Kampf um ist schwerer als der Kampf gegen. Good luck, Mr. President!

Bleibt behütet und gesund!
Euer Jürgen Schütte

Bußtag

Mega-Event vor fast 1000 Jahren: König Heinrich vor der Burg Canossa. Papst Gregor soll seine vorher verfügte Exkommunikation wieder canceln. 3 Tage habe Heinrich vor dem Tor ausgeharrt, heißt es. Kniend im Schnee. Ohne Knieschoner, ohne Heizpilz, ohne Thermojacke. Jedenfalls ist von einer Schutzausrüstung nichts überliefert. Der schmerzhafte Bußgang nach Canossa. Symbol der Erniedrigung. Buße nur etwas für Loser? Also out?

Manch einer weicht in den Grinsemodus aus, fügt dem Buß- und Bettag flugs ein t hinzu und widmet ihn so zu einem Betttag um. Immerhin: ein Bußgeld wird nicht belächelt. Zu schnell gefahren? Schon vergessen? Hier das Foto. Staatlich sanktionierte Wegelagerei - ein Ärgernis. Und nun? Akzeptiere ich die Buße? Dann zahle ich und der Vorgang ist erledigt. Akzeptiere ich nicht, dann wird mein Vorgang genauer beleuchtet. Und mit meinem

Vorgang auch ich selbst. Meist tut's dann mehr weh! Strategie zur Vermeidung weiteren Unbehagens: Buße light.

Aber da ist mehr drin. Hinter dem Blitzerärger könnte sich ja eine Erkenntnis verbergen: selbst schuld. Vielleicht ein Impuls zum Umdenken? Also nicht nur Schadensbegrenzung, sondern komplette Grundüberholung. Nicht nur Buße light, sondern Buße complete! Und die ist gewiss nichts für Loser. So wie beim sog. verlorenen Sohn, den seine Buße am Ende zum Winner macht (Luk. 15,11-32). Übrigens hat's auch bei Heinrich geklappt. Der Papst ist am Ende eingeknickt. Der Kraft der Buße konnte er einfach nicht widerstehen!

Bleibt behütet und gesund!
Euer Jürgen Schütte

Zwischen den Zeiten

Gerade noch Totensonntag. So heißt er ja offiziell. Grau, trüb, Musik in Moll. Bald schon der 1. Advent. Startschuss in das große Crescendo des Lichts. Erst eins, dann zwei, dann … kennen wir ja. Wie schön, wenn die Menschen dieses Lichtwerden schätzen und mitmachen. Was bliebe, wenn es umgekehrt wäre? Eine Kerze nach der anderen würde verlöschen. Am Ende nur noch - Finsternis!

Advent, Zeit des Lichts und der Hoffnung. Als Kind war Advent für mich Hoffnung auf die Diesellok V 200 der Marke Trix. Oder auf Torwarthandschuhe mit Noppen. Heute ist es die Hoffnung auf einen Impfstoff. Da tut sich ja was. Aber wie verlässlich? Wie war denn das damals mit der Corona-Warn-App? Große Prognose, am Ende aber mehr heiße Luft als Wirkung. "Hoffen und Harren macht manchen zum Narren", so der römische Dichter

Ovid. Hoffnung also nur ein "Windhauch", ein morbider Seufzer, wie er König Salomos Buch "Prediger" durchzieht?

Wie belebend dagegen derselbe Salomo in seinen "Sprüchen": "Doch Weisheit ist heilsam für dein Leben. Hast du sie gefunden, dann hast du auch Zukunft und deine Hoffnung schwindet nicht (Spr. 24,14)." Kein Resignieren, sondern Mitwirken an der Zukunft. Keine Hilflosigkeit, sondern Mitgestaltung. Advent 2020 wird anders sein als 2019. Wie ich dieses "anders" verstehe, liegt an mir selbst. Vor uns das Licht des Advents. Es wird sich nicht auslöschen lassen. Weder von meinem Befinden noch von Corona. Es wird kommen. Auch dieses Jahr. Ganz gewiss.

Bleibt behütet und gesund!
Euer Jürgen Schütte

Lustig, lustig, tralalalala

Echt jetzt? Tralalalala in Corona-Zeiten? Wo ich nicht ins Fitness-studio darf? Wo ich mir den Glühwein zu Hause reinkippen muss? Wo man mir meine Karibik-Kreuzfahrt madig machen will? Zumutung!

"Lasst uns froh und munter sein" - ein Lied aus dem frühen 19. Jht. Kurz nach den napoleonischen Kriegen. Für die meisten eine Zeit beißenden Hungers, bitterer Armut und einer Lebenserwartung von weniger als 40 Jahren. Der Verfasser, ein gewisser Josef Annegarn, soll Theologe und Pädagoge gewesen sein. Eine Kombination, die den Menschen offenbar gutgetan hat. Schließlich singen wir das Lied auch heute noch nach 200 Jahren. Kein One-Hit-Wonder also.

Singen, tanzen, lächeln gegen Frust, Blues und Traurigkeit. Wenn es doch nur so leicht wäre! "Der Geist ist willig, aber das

Fleisch ist schwach," eine urmenschliche Erfahrung, ausgesprochen von Jesus persönlich (Markus 14,38). Schicksal also? Alibi für Bequemlichkeitsausreden? Manche Psychologen empfehlen den schlichten Bleistift-Trick. Zwischen die Zähne damit. Bei dieser Figur "Breitmaulfrosch" werden dieselben Gesichtsmuskeln aktiviert, die das Lächeln braucht. Muskelaufbautraining der besonderen Art. Soll die Serotoninausschüttung fördern. Und damit dem willigen Geist einen Zugang zum schwachen Fleisch verschaffen. Und dann zeigen wir diesem dummen Virus lächelnd die Zähne. Wir sind der Homo Sapiens. Die mit Weisheit begabte Krone der Schöpfung. Und als solche nicht Opfer, sondern souveräne Akteure!

Bleibt behütet und gesund!
Euer Jürgen Schütte

Wunderbar

"Wunder gibt es immer wieder", sang einst Katja Ebstein. Um etwas später hinzuzufügen: "Wenn sie dir begegnen, musst du sie auch sehn." Also Augen auf für die scheinbar kleinen Dinge des Lebens. Die drollige dicke Hummel mit ihren Stummelflügeln. Dass die überhaupt fliegen kann! Das Knallgelb eines blühenden Rapsfeldes. Die Vermeidung von Auffahrunfällen im wilden Vogelschwarm. Alles pillepalle angesichts Corona? Natürlich, auch das Elend ist Teil der Wirklichkeit. Nämlich der Teil, den mir die Medienberichte täglich ins Bewusstsein rufen. Muss ich deshalb für Wunder blind bleiben? Können doch gerade sie zu einer Quelle der Hoffnung werden, damit ich im großen Elend das Kleine tun kann, das mir möglich ist.

Ein irischer Segenswunsch wünscht "Augen für die stillen Wunder in einer lauten Welt". Der Apostel Paulus spricht von "erleuchteten Augen des Herzens (Epheser 1,18)". "I can see clearly now", so Soul-Legende Ray Charles. Und weiter: "It's gonna be a bright, bright sunshiny day." Also ein sonniger Tag für den blinden Sänger! Sehen - nicht nur physikalische Verarbeitung von Lichtenergie. Sehen - ein Erkenntnisvorgang!

Wie will ich Weihnachten 2020 sehen? Nur defizitär? Was ich alles nicht darf? Oder im Licht des Weihnachtswunders? Corona wird Weihnachten nicht verhindern. Es kann Besuche torpedieren und Umarmungen verhindern. Aber die Neugierde auf die Botschaft der Liebe und des Friedens wird bleiben. Und mit ihr auch die Chance, sie zu finden. Wie wunderbar!

Bleibt behütet und gesund!
Euer Jürgen Schütte

Nix darf man!

"Nix darf man!" Standardsatz meiner Kindheit. Bitte noch'n Eis! Abgelehnt? Nix darf man! Noch spät zu einem Freund! Verboten? Nix darf man! Diese eine coole Jacke? No? Nix darf man! Momente, in denen die Grenzen zwischen Abhängigkeit und Unterdrückung verschwimmen. So die kindliche Perspektive, die nicht über den drängenden Bedürfnismoment hinausblickt.

"Nix darf man!" So schallt es diese Tage aus allen Ecken der Republik. Nicht shoppen, nicht cornern, keine Küsschen. Sogar die Freiheit der fahrlässigen Selbstansteckung wird einem genommen! In der Tat: das goldene Kalb, das sich Selbstbestimmung nennt, glänzt nicht mehr.

Also Fremdbestimmung. Wie gehe ich damit um? Was treibt mich? Ich kann die weltweiten Corona-Zahlen reflexartig zu Fakes erklären. Ein Stückchen Stoff als Unterdrückungsinstrument abstempeln. Oder Fundamentalopposition gegen Verantwortliche spielen. Nur: Ist mein Protest dann wirklich ein Beitrag im Ringen um den besten Weg aus der Krise? Oder vielleicht eher kindisch gefährliche Sturheit?

Der Apostel Paulus stellt fest: "Als ich ein Kind war, da redete ich wie ein Kind und dachte wie ein Kind … als ich aber ein Mann wurde, tat ich ab, was kindlich war (1. Kor. 13,11)."

Vor Ostern machen Tausende mit: 7 Wochen ohne. Freiwillig! Aus der Überzeugung, dass dem satten Wohlstandseuropäer Verzicht vielleicht mal ganz gut tun könnte. Und ausgerechnet zum Fest der Liebe soll solidarisches Innehalten nicht machbar sein? Das glaube ich einfach nicht!

Bleibt behütet und gesund!
Euer Jürgen Schütte

Heilige Nacht

Von einer Geburt wird berichtet. Nicht jedoch, dass es ein besonders holder Knabe im lockigen Haar gewesen sei. Windeln sind bezeugt, nicht aber, dass sie besonders reinlich gewesen seien wie im Weihnachtslied besungen. Außerirdische sollen in der Nähe gesichtet worden sein. Aber wohl keine pummeligen Putti im Nachthemd. Eine Reihe von Hirten sollen sich in einen kleinen Stall gedrängt haben. Nicht überliefert ist, aus wie vielen Haushalten sie gekommen sind. Vieles wird nicht gesagt. Von White Christmas ist jedenfalls nicht die Rede, nicht vom Tannenbaum, von Klingglöckchen oder einem rotnasigen Rentier. Ja, die Heilige Nacht damals war anders als heute.

Stille Nacht, dieses Jahr noch ein bisschen stiller als sonst. Erzwungener Rückzug in Kleinstgruppen. Und in mich selbst. Stille kann sehr laut sein. Besonders die Fragen. Was bedeuten mir

Zimtsterne, Lichterketten, bunte Glaskugeln? Kommerzialisierte Stimmungsmache? Nicht unbedingt. Stimmungen können auch zum Katalysator werden. Zum inneren Türöffner für das, was mehr ist als Stimmung, weil es tiefer geht: "Keine Angst!" Das waren die ersten Worte des Engels in der Geschichte (Luk. 2, 10). Keine Angst! Es geschieht zwar Unfassbares. Und es geschieht kraftvoll. Aber ohne Gewalt. In der Gestalt eines wehrlosen Babys. Unter bedrängten Umständen in eine bedrängte Welt hineingeboren. Heilige Nacht: Gott kommt zum Anfassen. Ganz und gar ohne Abstandsgebot. Gott sei Dank! Gesegnete Weihnachten!

Bleibt behütet und gesund!
Euer Jürgen Schütte

Exil

"By the Rivers of Babylon", so sang einst die Popgruppe Boney M. Der Song greift eine Situation des Volkes Israel vor 2500 Jahren auf: Im babylonischen Exil sitzen sie am Ufer des Euphrat und weinen um ihre Heimat. Vermutlich nicht nur aus Heimweh, sondern auch aus Furcht, unter dem Zwangsabstand die eigene Identität zu verlieren (Psalm 137). Denn ein Teil des Volkes war zu Hause in Jerusalem geblieben. Der babylonische König Nebukadnezar hatte es so erzwungen. Ein auseinandergerissenes Volk. Zwangsabstand. Ohne Handy, ohne Newsletter, ohne Streaming-Gottesdienste.

In diese schwierige Lage hinein gibt der Prophet Jeremia einen erstaunlichen Rat: Er rät nicht zu konspirativen Planungen. Nicht zum Befreiungskampf. Nicht zum Partisanenkrieg. Er rät auch nicht zum dumpfen Ertragen. Er empfiehlt vielmehr: "Baut (dort in der Fremde) Häuser und richtet euch dort zum Wohnen ein. Legt Äcker und Gärten an und freut euch an den Früchten, die ihr erntet. Heiratet und zeugt Söhne und Töchter (Jer. 29,5f)."

Es gibt nicht nur die Alternative Kampf oder Resignation. Der Theologe Reinhold Niebuhr bittet: "Gott, gib mir die Gelassenheit, Dinge hinzunehmen, die ich nicht ändern kann, den Mut, Dinge zu ändern, die ich ändern kann und die Weisheit, das eine vom anderen zu unterscheiden." Das Annehmen dessen, was ich nicht ändern kann, muss also nicht Zeichen von Resignation sein. Es kann vielmehr eine kluge Haltung sein, die aufatmen lässt, weil sie lebenswichtige Kräfte freisetzt.

Bleibt behütet und gesund!
Euer Jürgen Schütte

Lastenausgleich

Wie lange soll das noch so weitergehen? Derzeit die Frage aller Fragen. Und doch eine ganz andere Frage, je nachdem, wer sie stellt. Da ist der Intensivpatient, der ohne Gerät ersticken würde. Oder die Mutter, die zwischen Homeoffice und Homeschooling verzweifelt. Sie haben mein tiefes Mitgefühl. Der Querdenker, der das Stück schützenden Stoff für eine unzumutbare Last hält, schon weniger. Und zu dem Maßlosen, der sich gar einen Judenstern auf die Jacke näht, fällt mir kein zitierfähiger Ausdruck ein. Was kann helfen? Vielleicht eine andere Frage: Was gibt es noch außer meiner ganz persönlichen Last?

Der Motivationstrainer Biyon Kattilathu drückt es so aus: "Wenn du Essen im Kühlschrank hast, Kleider am Leib trägst, ein Dach über dem Kopf hast und einen Platz zum Schlafen hast, bist du reicher als 75% aller Menschen." Die Dankbarkeit über das, was ich habe, ist eine Kraft gegen den Frust über das, was ich nicht habe. Sie kann den Blick über mich hinauswachsen lassen. Den Anderen wahrnehmen helfen. Dann können sich neue Synapsen schalten. Ein Netzwerk des Lastenausgleichs. Einer stützt den Anderen. Ein Halten unter dem Abstandszwang. Schon ein schlichter Anruf kann bei dem Einsamen Tränen der Dankbarkeit hervorrufen. Selbst erlebt! Und bisweilen bin ich erstaunt, dass die Rollen wechseln und ich selbst der Entlastete bin.

"Helft einander, eure Lasten zu tragen. So erfüllt ihr das Gesetz, das Christus uns gibt (Galater 6,2)." Das spricht wohl für sich!

Bleibt behütet und gesund!
Euer Jürgen Schütte

Erinnern

"Passen Sie auf auf unser Land!" Worte von Charlotte Knobloch, Präsidentin der Israelitischen Kultusgemeinde München. Worte, gesprochen am Holocaust-Gedenktag im Deutschen Bundestag. Worte, gerichtet an die Abgeordneten. Aber über die Abgeordneten hinaus auch an mich. Und sie berühren mich.

Als junger Mann hatte ich mich entschieden, meinen Wehrdienst beim damaligen Bundesgrenzschutz abzuleisten. Demokratie muss wehrhaft sein. So dachte ich schon damals. Die Gefährdung sah ich unter dem Eindruck des kalten Krieges von links. Dabei hatte ich übersehen, dass rechtes Gedankengut im Verborgenen weiterlebte. Was nicht sein durfte, konnte ergo auch nicht sein. Seitdem wurden Männer mit Kippa öffentlich geschlagen, ein Terroranschlag auf eine Synagoge nur von einer stabilen Tür verhindert, ein Politiker, der sich für die Belange von Flüchtlingen

eingesetzt hatte, auf seiner Terrasse erschossen. Wenn wir einwirken wollen auf das Denken, das solche Taten hervorbringt, müssen wir - uns erinnern!

Das jüdische Passahfest fußt auf der Erinnerung an die Befreiung aus Ägypten und ist durch die lange schmerzvolle Geschichte zu einem Kern jüdischer Identität geworden (2. Mose 12, 14). Das Gedenken der gemeinsamen Wurzeln ist eine verbindende Kraft für eine Gemeinschaft. Auch für unsere. Noch einmal Charlotte Knobloch: "Wir geben jetzt den Stab der Erinnerung ab - im Vertrauen, ihn in gute Hände zu legen." Ein Vermächtnis. Ich habe den Eindruck, ich sollte es sehr persönlich verstehen.

Bleibt behütet und gesund!
Euer Jürgen Schütte

Lichtstrahl im Corona- Alltag

Kürzlich an der Supermarktkasse. Ich checke noch die Lage: Wie lang ist die Schlange? Wie flink ist die Kassiererin? Wie voll sind die Wagen? Jüngere Leute (meist schneller)? Oder ältere (meist langsamer)? Da schiebt sie sich einfach vorbei, diese Frau mit ihrem knallvollen Wagen. Hey, denke ich im ersten Moment. Musst du dich jetzt vordrängeln? Allerdings: Eigentlich hatte sie sich ja nicht vorgedrängelt. Ich stand ja zögernd im Abseits. Sie war nur ein bisschen entschlossener. Ich ärgere ich mich wohl über mich selbst. Jedenfalls tief im Inneren wurmt es mich.

Doch plötzlich löst sich diese innere Verwurmung. Denn da kommt sie, die Frage aller Fragen: "Wollen Sie mit Ihren paar Sachen eben vor?" Die vermeintliche Vordränglerin hatte wahrgenommen, dass ich nur 4 Teile habe. Wow! Tatsächlich sind es wohl nur wenige Minuten, die ich einspare. Gefühlt ist es eine beglückende Ewigkeit!

"Denkt nicht an euren eigenen Vorteil. Jeder von euch soll das Wohl des anderen im Auge haben (Philipper 2,4)," empfiehlt der Apostel Paulus der Gemeinde in Philippi. Wir haben nicht darüber gesprochen, ob sie - die Frau - die Paulus-Worte kannte. Jedenfalls hat sie ganz in seinem Sinne gehandelt. Am Ende bin ich ein bisschen beschämt und schenke ihr den kleinen Bonus-Bon, den ich an der Kasse bekomme. Sie lächelt zurück. Oberhalb der Maske kann ich es sehen. Dahinter immerhin erahnen. Manchmal sind es die kleinen Gesten, die einen coronatrüben Tag zum Strahlen bringen!

Bleibt behütet und gesund!
Euer Jürgen Schütte

Happy Birthday?

Na ja, genau genommen bist du ja schon ein bisschen länger auf der Welt. Aber Teil unseres Lebens bist du vor einem Jahr geworden. Und was hast du alles verändert! Unten ohne ist komplett out. Das Gesicht trägt man nun teilbedeckt. Meist in klassisch Weiß. Manchmal auch OP-Blau. Echt schick. Die Vokuhila-Frisur der 80er erlebt dank dir eine unerwartete Renaissance. Und auch der Jogginghosenlook belebt wieder das Straßenbild. Man telefoniert wieder mehr miteinander. Wildfremde Menschen wünschen einander gesund zu bleiben. Und: Der Andere ist inzwischen sogar mehr als nur ein Mitmensch. Er ist ein potenzieller Gefahrenherd. Einer, um den man einen Bogen macht. Dank dir!

Du wächst, blühst und gedeihst. Du hast dich gegen alle Anfeindungen behauptet und sogar weiterentwickelt. Du bist nicht mehr nur Covid-19. Du bist nun auch B.1.1.7. Oder B.1.351. Chapeau? Soll ich dich wegen deiner Vitalität wirklich bewundern? Uns hat sie Tod, Krankheit, Depressionen und zerstörte Existenzen gebracht. Glückwünsche sind daher nicht angebracht. Vielmehr muss ich dir entgegentreten: Du wirst uns nicht klein kriegen. Denn wir haben mit unserem Glauben das Pauluswort im Rücken: "Die Schwierigkeiten bedrängen uns von allen Seiten, und doch werden wir nicht von ihnen überwältigt. Wir sind oft ratlos, aber wir verzweifeln nicht (2. Kor. 4,8)."

Du magst vital sein. Wir sind stärker. Du wirst mir nachsehen, dass ich dir zu deinem Geburtstag kein langes Leben wünsche, ungeliebtes Geburtstagskind.

Bleibt behütet und gesund!
Euer Jürgen Schütte

BILDHINWEISE

Nachwort des Verlegers: Dass der Ausbruch des CORONA-Virus in China zu der weltweiten Pandemie COVID-19 führen würde, und auch nach einem Jahr trotz größter wissenschaftlicher Aufmerksamkeit kaum kontrolliert werden kann, hat kaum jemand für möglich gehalten. Dass die Zahl der amtlich registrierten Corona-Toten heute bei fast drei Millionen liegt und dass die Corona-Pandemie durch Varianten des Virus nach wie vor lebensgefährliche Ausbrüche zur Folge hat, lässt die Regierungen unseres Globus höchste finanzielle Anstrengungen zur Eindämmung der Krankheit unternehmen. Das hier vorgelegte Büchlein ist keine Dokumentation dessen, was man ohnehin in allen Medien hören und lesen kann. Es ist vielmehr eine innere Begleitung des Geschehens durch einen wachen Zeitgenossen, der zudem Leiter einer christlichen Gemeinde in Hamburg ist. Er verbreitet keine Panik und keine Verschwörungstheorien, sondern lässt sich selbst hineinnehmen in eine nie gekannte globale Hilflosigkeit und findet dabei Frieden und Gelassenheit in Texten, die Grundlage seines und unseres Glaubens sind. Die Bilder, die der Verleger dem Büchlein beigesteuert hat, sollen nicht illustrieren, sondern Horizonte öffnen und den Blick immer wieder auch auf das lenken, was unsere Welt trotz Corona liebenswert und vertrauenswürdig bleiben lässt.

Dr. Dietmar Lütz, Hamburg im April 2021